DIOS
TIENE
CÁNCER

Patricia Hernández Carrillo

DIOS TIENE CÁNCER

ImagiLab

DIOS TIENE CÁNCER

Patricia Hernández Carrillo

Publicado por:

imagilab.us
info@imagilab.us
+1 702 5595156
Estados Unidos de América

Dedicatoria

Este libro lo dedico para todas aquellas personas que en este momento están pasando por crisis y lamentablemente se están enfocando en todo lo que lo hace difícil, si por hoy observaras a través del amor y sobre todo el amor incondicional convirtiéndote en ese imán de éxito a través de ser el representante divino para las personas que están a tu alrededor y permitir dejar ser a los representantes de Dios en tu vida aún a pesar que su papel que corresponda comprenderías que las crisis que has vivido es para hacerte crecer...
Recuerda, **¡tú eres importante!**

Agradecimientos

Me agradezco por elegir escuchar mi voz interior que me lleva a compartir ideas fuera del subconsciente colectivo con la intención de ser un vocero de lo que nos quieren compartir a otro nivel, ese no es mi mérito, esto viene de un energía superior a Él es que debemos agradecer, nos ama y demuestra que actuar en base a sus leyes, códigos y registros nos trae en el aquí y ahora su intervención para que el orden divino haga nuestra vida más fluida en gozo, paz y felicidad... la realidad de este acercamiento obtendremos el poder disfrutar mucho más.

Agradezco a mi familia en especial pareja e hija que son los que han participado en este proceso y me han permitido ser yo misma, respetando mis tiempos de creación e influyendo en aumentar mis ideas a través de películas y vivencias que hemos adquirido juntos... Los amo mucho gracias por estar ahí para mí con su paciencia y amor incondicional.

Agradezco a la editorial ImagiLab, representada por Alexander Vivas, que me apoyó en este proceso compartiendo experiencias que han sido de mucho aprendizaje para avanzar y crecer colectivamente manteniéndonos en la energía correcta disfrutando hacer lo que amamos, reconozco su trabajo y liderazgo.

Agradezco a todos los participantes en mi proceso de vida, a los que están o se han retirado, dejándome una huella de sabiduría, a través de sus acciones con las que he ido aprendiendo con su amor incondicional, guiándome hacia muchas experiencias espirituales con las que también he aprendido a poder escribir este libro... Gracias por todo.

Contenido

Prólogo

En este libro puedes encontrar de forma figurada el entendimiento del valor de la unidad humana a través de asemejar a cada ser humano como una célula del cuerpo humano, es más, de hecho, cada célula la elegí representar como si fuera siendo un clan familiar y cada persona una partícula, todo en el universo es serial y sistemático, nosotros los seres humanos somos un sistema dentro de un sistema y a la vez también, prácticamente somos un sistema con demasiados sistemas internos, debo decir que este libro estuvo por muchos años solo como una idea en mi cabeza y por temor del título no me atrevía a darme el tiempo de escribirlo, yo soy una mujer de 41 años que he vivido bastantes procesos de transformación internamente hasta llegar al grado de pasar por 10 años continuos de crecimiento personal, me he mantenido en constante movimiento interior que me invito a observar lo necesario para lograr acceder a la sabiduría ligada a esta pequeña metáfora viva que he podido cocrear con todos aquellos que han llegado a ese entendimiento, entiendo que este concepto generara un poco de controversia e inclusive, **habrá quien tan solo por el título del libro piense que necesito atención mental (obviamente para quien piense así, no está diseñado este libro)**, más bien, es para quien se adentre a este viaje imaginario conmigo de asemejarnos a células bastantes desequilibradas convertidas en radicales libres (más adelante entenderás este concepto).

Estas definiciones para algunos será un poco complicadas de entender, solo te pido termines el libro hasta el final y toma lo que consideres importante para tu vida, lo demás deséchalo con toda naturalidad, de acuerdo a lo que absorbas será el movimiento y crecimiento de nivel de conciencia adquirido por observar a través de esta metáfora viva, este será prácticamente el regalo divino que obtendrás por el compromiso de adentrarte en esta aventura.

Recuerda que la vida es un cúmulo de información con diferentes vertientes de realidades alternas y posibilidades inimaginables, la intención principal es ser una lectura que guíe a la comprensión del amor incondicional y unidad colectiva con el cosmos aunada a el respeto, reconocimiento y valorización humana.

Gracias por adquirirlo y disfrutarlo tal cual como yo disfrute mi proceso antes de decidir sentarme y escribir, esto se construyó con muchos momentos de crisis y edificaciones personales que fueron las que me llenaron de la sabiduría necesaria para entender que todo es momentáneo, cada situación que hoy vives es pasajera tal cual como lo es cada segundo de nuestra vida, es por ello que no pierdas más el tiempo en estancarse comienza hoy hacer los cambios que llenan de movimiento y vivencias a tu sistema.

Mi nombre es Patricia Hernández Carrillo y solo quiero compartirte una metáfora loca que en mi mente se ha mantenido continuamente por algunos ayeres, y que me hace todos los días tomar la elección de amar incondicionalmente a libertad... y ¿Tú te atreves amar de esa manera? descúbrelo a través de esta lectura.

Capítulo 1

¿Qué es el Cáncer?

Si vas a internet a investigar ¿qué es el cáncer? La principal definición es: **"Una enfermedad en la que las células anormales se dividen sin control y destruyen el tejido corporal."** sin embargo es curioso encontrar también una definición dirigida hacia el exterior del cuerpo y esta definición es: **"Mal que destruye o daña gravemente a la sociedad o a una parte de ella que es difícil de combatir o frenar."** y si te vas a la palabra (Biblia) en 1 Corintios 12-12 nos dice: **"Porque así como el cuerpo es uno, y tiene muchos miembros, pero todos los miembros del cuerpo, siendo muchos, son un solo cuerpo, así también cristo."** y en 1 Corintios 12- 27 **"Vosotros, pues, sois el cuerpo de cristo, y miembros cada uno en particular"**

Es impresionante lo que estás por recibir de mensaje a través de este escrito... prácticamente nuestro ser se asemeja en esta metáfora viva, una célula humana o mejor dicho la partícula de una célula humana que todavía es lo más pequeño ahora conocido, observado, analizado que existe, pero **¿Que es una partícula?**: la mejor definición que encontré fue: **"parte más pequeña de una sustancia que podemos separar de un cuerpo sin alterar su**

composición química, conservando las propiedades del cuerpo original" te suena cuando alguien dice que somos chispas DIVINAS.

Con esto en la metáfora viva que te invito a disfrutar conmigo en este libro es entender que somos partículas divinas, compuestas a imagen y semejanza, con las mismas posibilidades infinitas que nuestro creador, sin embargo no hemos descubierto nuestro máximo potencial, ni llegado a nuestro 100% de nuestra capacidad por estar limitados a lo que nuestra mente nos sugiere, separándonos de toda la composición universal por servirle a quien debería ser nuestro servidor principal, hoy hacemos lo que la mente quiere y ordena, pero la mente está diseñada para hacer y generar lo que nuestra voluntad deseara **¿En qué momento cambiamos de ordenador a sirviente?** porque ahora la humanidad vive tan solo para darle comodidad a su propio cuerpo pensando que estamos separados de los demás y por el contrario debemos estar alertas y a la defensiva para que no nos roben y alteren nuestra paz, según nosotros los demás son nuestros enemigos y causantes de nuestra desgracia pero eso es imposible no es verdad y debemos trabajar en responsabilizarnos de nuestros actos, para llegar a la tan deseada paz mental.

Debemos estar claros con lo que es la paz, ese es otro concepto que creemos conocer, más de lo que nos muestran en todos lados sin embargo no es así, **¿Tú sabes lo que es tener o estar en paz?** Si lo sabes te felicito, pero si no, quiero compartirte un poco de lo que yo he percibido que es la paz desde mi punto de vista anclado a esta metáfora vida de que Dios tiene cáncer, pero antes vamos a lo que dice el diccionario, **¿Que es PAZ? "situación o estado en que no hay guerra ni luchas entre dos o más partes enfrentadas"** y también en otra definición es **"Acuerdo para poner fin a una guerra"** entonces de verdad **¿buscas paz? ¿Por qué la tendrías que buscar?**

Es algo que es una elección, si, tú, **LO ELIGES**, si siempre tienes cuidado con tus comportamientos hacía los demás y con tus elecciones no habría necesidad de buscar paz, creo que **la conciencia es la clave del éxito**, de hecho el camino al éxito es bastante placentero cuando te anclas hacía mantener en equilibrio tus emociones, se llega a un fenómeno similar a la paz pero es llamado **"HOMEOSTASIS"** que si nos vamos al diccionario es **"conjunto de fenómenos de autorregulación, conducentes al mantenimiento de una relativa constancia en la composición y las propiedades del medio interno de un organismo"** ¿vez que no es lo mismo? Motivémonos a conocer más los conceptos vamos por la vida dirigiéndonos por las modas y lo que en el exterior nos vende, es una paz que no es la adecuada para tu ser, porque es una paz anclada a las modas actuales en la que no tienes control tú, el control lo tiene el sistema que te mantiene anclado a un entretenimiento sin examinar si son verdaderos de hecho en la actualidad es un peligro todo lo que existe en la internet pues es gente sin ningún valor humano que juega con la mente de los que menos agraciados que no han tenido la oportunidad de capacitación. **"El secreto es saber que deseas, aprende a conocerte métele ciencia a tu SER y eso hará grandes cambios en tu vida"** ... conócete verdaderamente.

Hoy en día es muy lamentable ver modas seguidas por personas que no tienen la capacidad de discernir, provocando inclusive arriesgar su vida, debido a comportamientos fuera de orden y cuidado, **hoy es más fácil seguir generando placer a través de pagar el alto precio de la soledad**, somos la generación más cómoda eso es indudable pero no somos la generación más feliz, **vemos a mucha gente viviendo a través del lente de la falsa felicidad plasmada en una foto subida a una red social** llena de filtros, pero me preguntó de verdad **¿será una felicidad sostenible?** No lo creo, esa alegría se termina cuando el obturador se cierra. cuando llega a la observación adecuada y alarga la agonía del reconocimiento personal. Solo es un momento en el que el ser se emociona por un *like*, un me encanta, o un me divierte sintiéndose importante por segundos para volver a su realidad en la que no existen ni abucheos ni aplausos solo es él y su soledad.

Ten cuidado, **estamos en una era vulnerable,** aunque con muchas posibilidades de mejorar en esta generación, vemos a todo mundo buscando su individualidad, manejando un egoísmo de desear bastantes cosas, pero a su vez estar en una insatisfacción porque no logran **SER** lo que desean ser, viven en máscaras, logran mantenerse en vida pero no gestionan un mecanismo real de prosperidad y paz. **"La buena vibración no miente es por eso que cuando una persona tiene un buen corazón se nota desde lejos". "Las apariencias se construyen, pero la esencia siempre se revela",** debes mantenerte en sintonía real, una vibración que no se puede disfrazar es la que es, nadie puede ocultar lo que es y trae consigo. **La vibración habla mucho más que las palabras.**

En ella se revela las verdaderas intenciones que lleva el alma, es la vibración la que da el tono, la belleza, el bienestar de las personas más hermosas que ves actualmente son aquellas que han trabajado bastante en sí mismos, **conmigo como mentora en sesiones podemos hacer las diferencias en tu vida** dejarás de ser ese radical libre para convertirte en esa partícula colaborativa que el mundo necesita, aquellas personas que nos abrazan por dentro, que nos hacen sentir bien con su presencia, que poseen un aura de afecto, bondad y luz, son aquellas que ya han trabajado bastante en sí mismas, la gente no solo crea amistades, afectos y relaciones por gustos, sino por la sintonía de la energía. La gente puede incluso enamorarse de la apariencia, pero es la vibración la que conquista y hace quedarse, la intuición nunca falla, la vibración siempre revela quienes son las personas, **las apariencias pueden ilusionar, pero la vibración jamás miente**, y es lo que tenemos que aprender a conocer, que es la vibración y cómo la mantengo alta.

¿Cómo se comporta un cuerpo con cáncer?

Este tipo de molécula inestable que se elabora por consecuencias de un mal funcionamiento durante el metabolismo normal de las células (cambios químicos que ocurren en una célula), **la célula ya no quiere cooperar con el cuerpo debido a que piensa de forma diferente llevando a tomar la decisión de hacer lo que quiere hacer, o sea, se convierte en un radical libre** y ¿qué pasa? después se agrupa con otros que piensan igual convirtiéndose en tumores (**agrupamientos de células anormales**), que debido a un crecimiento acelerado puede convertirse en un problema bastante grave siendo que se extiende a diferentes áreas del cuerpo y presentarse una metástasis que prácticamente es la etapa terminal donde el cuerpo pierde la batalla contra el cáncer.

Nosotros los seres humanos también hemos decidido pensar cómo queremos vivir, queremos salirnos con la nuestra, no queremos cooperar con las leyes en especial con las que no conocemos por ignorancia que son las universales, ¿tu, conoces las leyes universales, o las herméticas o las físicas o algunas otras más existentes?, ¿NO? Ahora comprendes cuánto nos falta instruirnos por lo que debería ser lo más importante saber que es sobre nosotros mismos, **el sistema humano es un universo dentro de un universo**, y si te enfocas en conocer cómo funciona créeme que **tu vida estaría llena de posibilidades infinitas creando a través de certezas y configurando coexistir con todos los demás componentes del sistema humano**, solo así podremos vencer ese cáncer colectivo que está generando esas subdivisiones sociales por las cuales no llegamos a disfrutar de este mundo.

El tiempo de cambiar es ahora, en este momento tú puedes hacer el cambio de pensamiento que te lleve a reconocer cuál es tu participación en este plano de existencia... ¿te animas a aprender más de ti?

Capítulo 2

La necesidad de un cambio de pensamiento

Es mucho más fácil tratar de cambiar al otro que a uno mismo, hemos batallado me atrevo a decir por años, y sufrido buscando que el otro me comprenda mi realidad y me permita ser quien yo quiero ser sin que me cuestione y que obedezca mis órdenes, haciendo actos dirigidos por nuestros caprichos y manipulaciones de querer salirse con la nuestra, pero te has preguntado **¿El otro, quien quiere ser?**, y sobre todo **¿le respetamos ese deseo?,** hoy en día, todos vivimos incómodos con algunos detalles de nuestra vida e inclusive a veces con todo lo que vivimos en la vida, si algo no nos va bien o no está compuesto como quisiéramos que fuera, y queremos que los demás nos comprendan y cambie nuestra realidad sin embargo **el cambio debe venir desde dentro**. Lo comprenderás cuando decidas trabajar en ti, **acceder a esta lectura es el comienzo a un mundo lleno de amor incondicional y posibilidades infinitas**, no descargues con el afuera tu peor versión por no salirte con la tuya, **más bien trata de cambiar internamente para generar un entorno diferente para ti mismo/a,** busca donde te encuentres con gente que esté en la vibración que te encuentras y sobre todo mejora tu nivel de conciencia para aumentar tu nivel a través de meterle ciencia a tu Ser solo así con tu atención y enfoque te llevaras a otro nivel… **Recuerda todo depende de ti.**

Comienza a cambiar Tú, **el secreto de este libro es lograr atraer a ti una energía más edificante y optimista que nos motivará e inspirará a mantener felicidad, gozo y gloria en el presente**, debemos aprender a enfocarnos en vivir en el aquí y el ahora reconociendo nuestra realidad actual y a la vez preparando y planeando para el corto, mediano y largo plazo. Este momento en el que eliges avanzar es un ciclo que trae un cambio de energía completamente nuevo y, a medida que transcurre el tiempo se expande toda posibilidad infinita, lo único que nos detiene es los pensamientos recurrentes que la mente ha posicionado como códigos maestros que se ejecutan de forma automática mientras no decidamos hacer una modificación, prácticamente son esos pensamientos obsesivos los que ocasionan que no nos enfoquemos en sentir, porque al sentir se descubre **la magia de mantenerse en el presente sin pensamientos solo fluir en sensaciones que originan sensaciones de placer.** Mientras nuestro ser se enfoque en la queja y las limitaciones personales no podremos acceder a la energía correcta y a la vibración alta que genere un entusiasmo renovado por acciones concretas donde se pueda disfrutar al máximo de esta experiencia llamada vida. este libro está encaminado a conectar en unidad con el todo para coexistir y celebrar nuestro viaje sobre todo el nuevo capítulo que estamos comenzando.

Para muchos, estos últimos años han sido un tiempo de intensa sanación, cierre y liberación inconsciente personal y colectiva. **Ha ocurrido una inmensa transformación que nos ha dejado profundamente cambiados en formas que no necesariamente serán completamente obvias.** hemos vivido procesos donde toda la humanidad ha estado involucrada de forma muy intensa donde los cambios se han dado a lugar con demasiadas pérdidas humanas, sin embargo, hoy esa transformación comienza a aterrizar en nuestros cuerpos incrustando dentro de nosotros las semillas de un nuevo potencial que se despertará y activará en las próximas semanas y meses y quedará por generaciones.

Recuerda que **para que ocurra un cambio real o una curación, debe haber una transformación de la energía en la que la forma antigua muere y permite que nazca la nueva forma.** A medida que tu transformación aterrice en tu cuerpo, ten en cuenta que experimentarás algún tipo de experiencia de transmutación dentro de tu ser. El impacto de esta transmutación se puede sentir físicamente a medida que las energías se alquimizan dentro de ti. Como resultado, algunos experimentan agotamiento extremo, otros algún tipo de **desintoxicación física** y para algunos ambos procesos a la vez. Hoy te invito a que en tu vida hagas movimientos específicos para generar un cambio de conciencia y elevar tu energía vital a través de acciones concretas como reducir la velocidad, practicar la atención plena y mantener la paciencia contigo mismo, también **hacer las paces con el proceso personal y adaptarse al orden divino**, al leer este libro Se está formulando una nueva energía dentro de ti que necesita ser integrada físicamente. Hidrátate y descansa todo lo que puedas durante este importante momento.

Cuando estaba en mi momento de crecimiento me prometí no llevar la carga de los rencores, porque hunden el corazón y quitan la sonrisa, aunque eso representaba dejar atrás a las personas que tiñen de gris mi mirar, aprendí a entender que todos somos diferentes y elegimos cosas diferentes, también aprendí a llorar cuando lo necesite pero sólo para no sentirme tan pesada, porque **las lágrimas que no se liberan, pudren mi paz**, elegí no soltarle la mano a mi niña interior, porque a su lado sé que no voy a perder la inocencia porque las veces que lo hice me costó bastante dolor y sufrimiento, entendí que era mejor alejarme a tiempo de los sitios en los que me ahogaba estar, y lo hice porque me respeto, y **hoy se disfrutar más, porque al fin y al cabo, la vida es sólo un suspiro**, en este presente aprendí a mirarme más a los ojos frente al espejo, contemplarme y amarme, porque soy mi propio hogar y lo llevo conmigo a donde quiera que vaya, y fue cuando elegí no dejar de escribir sobre todo este libro que pospuse bastante tiempo debido a mis temores, pero al transformar la palabra en medicina cuando me enfermo de vanidad, (porque soy humana), en algunas de esas promesas que me hice en el transcurso de mi vida, me he fallado y mi cuerpo me lo está recordando, es por ello que cada que pensaba en este libro veía en mi cabeza esa metáfora viva donde me veía como una partícula divina que en algunos momentos me sano y salvo de tomar malas elecciones y en otros me disparo mi soberbia pensando que soy algo separado del todo con demasiadas limitaciones y privaciones llevándome a profundas depresiones... pero **¿Qué fue lo que me hizo entender la sabiduría divina?** creo el iluminar mi camino, aunque debo escribir y en letras mayúsculas que **LA ILUMINACIóN NO ES LO QUE CREES.**

Existe **una falsa espiritualidad en donde casi casi nos sentimos fuera de este mundo, superiores y libre de pecados y equivocaciones** sin embargo nada más fuera de la realidad todos buscamos la felicidad fuera, el sentirnos en paz, el tener la conciencia tranquila, el dormir a pierna suelta consideramos que es estar iluminados... Y cada persona, buscará llegar a ese estado según su naturaleza, su cultura y su educación, **cada bloque de humanos que se**

identifican con algo se agruparan e identificarán siguiendo un camino distinto para encontrar tan aclamada luz divina, o energía vital que nos de acceso a la iluminación, algunos creerán que se halla en lo material, en el dinero, en el **«tener»**. Otros creerán que la alcanzarán cuando tengan una pareja, a su alma gemela, un hijo, una amistad incondicional. Otros, cuando tengan éxito en su trabajo, cuando lleguen al millón de seguidores, cuando ganen el balón de oro, cuando su libro sea el nº1 en ventas, cuando cumplan un propósito o misión de su vida… Otros, cuando su personalidad sea perfecta.

Y otros, cuando sean conscientes de sus actos, podemos llegar a creer que la iluminación está en un nivel superior al resto de los demás caminos. Lo cual indica que no estás «iluminado» porque si lo estuvieras estarías seguro (de que **la sabiduría) está en todos los caminos** porque son el mismo Camino, pero con distinta forma ya que tienen idéntico objetivo e idéntica raíz. pero diferente contexto, es decir, que no hay ni mejores ni peores (juicios), sólo hay seres humanos buscando lo que han perdido: paz interior o felicidad o Dios o el Amor o el Hogar o como cada uno lo llame, según sus creencias e interpretaciones (es decir, según sus pensamientos), durante años sentí una llamada a Iluminarme, sin saber qué era eso. Y empecé un proceso espiritual de búsqueda de esa meta pasando por diferentes realidades, filosofías, enseñanzas, métodos, técnicas, energías bla bla bla. Y fue la vida, con sus experiencias, la que me acabó mostrando que **«la vida es la que es».** y nos corresponde simplemente disfrutarla aquí y ahora.

Mi anhelo (que es el mismo que el de todos) era eliminar de mí (y, por ende, del mundo) mis sombras, mi oscuridad, aquello que no me gustaba, aquello que me habían dicho que no era lo correcto, lo perfecto. Quería borrar las emociones que están etiquetadas como negativas. SóLO sentir las emociones positivas. solo lo conectado con lo bondadoso y bueno, no quería sentir tristeza, sufrimiento, dolor, ira, asco, inseguridad, vulnerabilidad, vacío, soledad, miedo... quería borrar mi memoria de mis sucesos diarios para solo ser esa perfecta creación inmaculada y libre de pecado que me han vendido en las iglesias que es la que se merece el cielo, es decir, **quería dejar de SER HUMANA**, hoy entiendo que es imposible llegar a tal grado porque **SOY** Humana, por muy divina que también sea mi energía vivo en una dualidad e integralidad que me incluye en la naturaleza y debo tomar la energía de los elementos naturales que son los componentes químicos de la materia, es por eso que debemos ser conscientes de que el cuerpo almacena muchos sistemas tangibles e intangibles y por mucho tiempo no me conecto de forma natural con mi verdadera conciencia donde se pliega la información corporal y mental por todo mi cuerpo etéreo.

Mi IDEA de felicidad estaba conectada a hacer feliz a los demás a todo el que se involucra de forma particular en mi vida, Y si preguntamos a los 8.000 millones de humanos que habitan el planeta, nos daríamos cuenta de que **TODOS** tenemos esa misma idea-raíz, aunque cada uno intente encontrarla a su imagen y semejanza... el problema que estamos presos en nuestra mente y la adquirimos según las identificaciones que accedemos de acuerdo a lo que le ponemos atención, pero **debemos encontrar la alegría en la energía sensorial esa que no tiene identidades, simplemente se siente**, no debemos trabajar duro y hacer para merecer o ser dignos, solo es la voz de la sociedad y sus tradiciones la que separa, y debemos romper con muchos estándares de lo que actualmente está dominando el mundo debemos sentir la energía vibracional tan solo al plantearnos en elegir **sentir**, comprenderemos la verdad del corazón, al momento de conectarte con la libertad y la alegría de tu propio corazón, confiando en todo lo que se siente internamente y es ahí cuando te permites fluir en armonía con el todo.

Capítulo 3

¿Quién soy?

Cuántas veces en tu vida te has preguntado esto "Quién Soy" en mi caso fueron muchas veces, más en mi tiempo de adolescencia donde no comprendía ni las reglas ni las formas educacionales que empleaban mis padres, maestros y todo el mundo que quería reglamentar mi vida, y vaya que entre más pasaban los días más se hacía mi agonía **porque todo mundo quería que yo me convirtiera en su copia exacta de comprensión y modus vivendi**, en esa época era muy difícil comprender a todos apenas dabas la vuelta y ya había una forma de vida diferente que te planteaban como verdad absoluta y única forma de supervivencia... Eso realmente era desgastante, hasta que conforme el crecimiento comenzó a llegar las elecciones propias de como joderme la vida.

Ahí empezaron los cuestionamientos de cómo vivir la vida y empezaron a llegar las preguntas a mi cabeza, repitiendo continuamente que donde fuera debería dar el ejemplo para los demás y eso se muestra desde cómo tratas a tu cuerpo, como cuidas tu salud mental, pero imagínate para una muchachita de 16 años cuidar todo a la vez, desde cómo hablas, cómo te sientas, cuáles son tus gestos, porque te encorvas, sume la panza, no mastiques haciendo ruido, deja de hablar con la boca llena, sonríe, no llores y demás correcciones que todo mundo se sentía con la autoridad de hacer para los otros deliberadamente según mi observación, así que tomé la decisión de dejar de alimentar a mi mente con frecuencias bajas, **nuestro mayor bien está en la conexión personal con el todo (Dios)**, la divinidad, eres un emisor de la energía vital, **somos como antenas vibracionales** y al estar receptivos para fluir en ellas será como lograremos entender esta metáfora que quiero presentarte a través de este libro.

El ser antenas posicionadas aquí en la tierra no es nada fácil más si no lo sabes que eres, mi mente inquieta un día me formo esta idea de ser como puntos de influencia para los demás como esa antena de radio que emite una transmisión frecuencial que se conecta con los aparatos de radio y televisión que tienen ese canal de conexión, de hecho **existe una escala de frecuencias que diseño David Hawkings, donde explica los niveles desde la vibración 20 que es la vergüenza hasta 700 que es la iluminación**, en este mapa de conciencia yo pude identificar el nivel pero también la forma de elevar y descender de ese nivel según nuestras actitudes y acciones del día a día, es una información que todo mundo que le quiera meter ciencia a su ser conocer más sobre sí mismo debe saber, **para entender el reino de**

la divinidad primero debemos entender quiénes somos en este plano, y eso se logra por medio de conocer con ciencia y consciencia se nos explican que es ser un SER HUMANO, y sobre todo conocer las leyes universales para respetar el orden divino y ser lo que queremos ser con vibración alta, ¿Como se logra esto? Bueno lo principal es observándonos a nosotros mismos, tratándonos con amor universal, respetando a todos, siendo seres con posibilidad de acceder a energías curativas que se encuentran en el ambiente.

La Energía vital es lanzada al planeta por orden divino, y se adquiere de forma inconsciente al momento de dormir y de forma consciente al momento de meditar, es por ello importante adquirir herramientas que nos hagan entender esa actividad clave que es la meditación ya que por medio de ella se puede lograr el equilibrio tanto personal como colectivo, sin embargo el principal obstáculo es los pensamientos excesivos especialmente dirigidos hacia lo negativo, las imposibilidades de acuerdo a las creencias limitantes y las quejas por no estar donde el EGO quiere estar, prácticamente es muy complicado salir de la forma como se percibe la vida cuando somos ignorantes de todo lo que en ella existe y **por no conocer aceptamos lo que grupos pequeños elijen pensar**, pero **para salir de esa burbuja informativa es posible por medio de diferentes formas**

que el yo superior de cada uno autoriza, evidentemente, en algún momento del camino vamos chocando entre las diferentes y poliédricas formas de mostrar la realidad personal con la realidad colectiva que hemos figurado agregando la baja vibración que inunda por la falta de comprensión hacia lo desconocido, **tal cual como si fuéramos radicales libres agrupándonos con un enfoque negativo donde empleamos a la mente la dirección de ocasionarse heridas que llegan al alma por los juicios y puntos de vista negativos dirigidos por modas y tradiciones actuales**.

Hoy en día seguimos a las masas, las modas lo que vemos en las redes sociales lo tomamos como lo correcto y añoramos tener más y más de lo que vemos cosas materiales, muy pocos vamos por la vida asumiendo que la luz y la oscuridad requieren un balance, que los defectos y las virtudes son necesarias para ser humanos (no hay perfección), **que los dolores y los placeres son la elección de la percepción mental**, que las salud y las enfermedades son ocasionadas por nuestros hábitos, que las lágrimas y las sonrisas se deben disfrutar, que las noches y los días nos presentas las oportunidades de gozar de este mundo, que prácticamente somos UNO con el todo, es por ello, entender que no pueden SEPARARSE de nada, y por mucho que lo intentemos y por mucho que nos esforcemos no estaremos separados del poder superior, así que no vale la pena ni tu dolor, ni tu sufrimiento, **por más que manejes un lente negativo la verdad os hará libres**.

Es importante saber que es **SER un SER HUMANO**, descubrirlo en las diferentes vertientes que existen la ciencia, la religión, son de las principales que existen y que no podemos separar una de la otra, pero créeme que **existe un extenso contenido que puede aportar a tu reconocimiento de los componentes del sistema humano, solo es cuestión de investigar,** y de estar alertas porque cuando comenzamos a buscar nuestra identidad las piezas clave para tu entendimiento se irán apareciendo, yo lo dividí en 5 áreas por aprender sobre el ser humano y son 1. El físico, 2. La mente, 3. Las emociones, 4. La energía vital y 5. La espiritualidad. Todas las áreas es importante conocer y aprender de ellas por separado para comprenderlas, pero no debes olvidar que todas forman un efecto compuesto y que juntas hacen este maravilloso sistema humano en cada parte existe un universo entero por conocer cada sistema existente es una muestra de que la divinidad existe así que solo disfrútala y vívela al máximo.

Ahora comprendes **¿quién eres?** Eres más grande que lo que te dijeron al ponerte un nombre y bautizarte en una religión, o distribuirte en una comunidad, ahí solo te están identificando en un grupo selecto que prácticamente genera una reparación del cuerpo completo, te separan al darte un nombre, ponerte una familia, mandarte a la escuela con las reglas establecidas por repeticiones generacionales continuas, eso solo es una identificación pero realmente lo que eres es **UN SER HUMANO**.

Con esto que actualmente lees, ¿qué piensas? Crees que solamente se trata de una idea o te hace sentido, **cuando llegaste a este mundo venias principalmente a disfrutar de él** y desde pequeño nos comienzan a decir, no toques, cállate, no brinques, siéntate, comete esto, eso está mal, es sucio, etc.

O sea, simplemente venías a **SER**, que hace una célula en tu cuerpo simplemente es **célula distribuyendo sus actividades orgánicas a la función grupal del órgano**, no piensa por sí misma ni se hace llamar diferente ni dice ya no quiero ser célula ahora seré célule jejeje sabes a lo que me refiero estamos llevando a la humanidad a una serie de identificaciones que no están siendo parte del orden divino, no esperes a que si llegue ese virus zombie a comerse a la humanidad, de hecho me atrevo a decir que ya existe separándonos todos de todos,

Hoy todo mundo se dice que sabe la verdad absoluta, se dice que es el que tiene el secreto de la felicidad y eso es mentira, dejamos de SER HUMANO al categorizarse en identificaciones vanas y tontas **solo somos un solo diseño y tenemos los mismos sistemas trabajando dentro y fuera somos parte del todo** deja de fragmentarse, hoy es el momento que emplees esta información y te des un clavado en todas **las maravillas fundamentadas con observación científica y experimentos comprobables de lo que verdaderamente somos,** no te limites aprende si pones atención a eso, sería lo más grande que hagas por ti, **generarías una serendipia teniendo un ambiente creador más amplio**, entendamos que al crear desde nuestro máximo potencial accediendo al universo vibracional donde **todo se conecta con una energía electromagnética, coincidiendo con todos en una composición de frecuencias que generar una maravillosa melodía, conectándonos a una matriz.**

Si una fuerza energética se conecta con su misma frecuencia daría como resultado milagros inesperados como lo son **el entrelazamiento cuántico,** eso provoca sentirte a gusto con lo que coexisten, así que **crea una experiencia de vida llena de homeostasis,** reflejando una experiencia de vida que no afecte a la materia, forma a tu alrededor una red de personas que juntas llegan a vivir el amor incondicional diferenciando de una célula sana a una célula enferma (a ella llénale más de amor), **el amor es una clave armoniosa** que es con la cual tu puedes conectarte con aquellos que ya vibran en esa armonía, comienza a hacer cambios en tu interior para extenderlos al exterior.

Eso nos sacará de la atención que actualmente le estamos dando a nuestro ser, hoy te identificas con pensamientos negativos, chismes, juicios, puntos de vista, todo lo que el sistema nos quiere educar con lo que vemos, escuchamos, comemos, si tan solo hoy salieras del pensamiento y **te concentraras a sentir o a ser sensible preguntándole a tu ser si eso que quieres ingresar a tu sistema si te hace bien o mal te salvaría de muchas cosas**, libérate de todo lo que te daña aprende de ti, comienza una depuración general, te lo mereces. **La vida te muestra que hay otras opciones más estables para generar certezas en tu vida.**

Conoce tu función en este plano no eres salvador de nadie, eres, simplemente eres, y tal cual debes aprender a vivir libre de estereotipos, identificaciones, tradiciones, y demás, vive tu vida al máximo hoy que ya sabes que eres qué harás con esa sabiduría.

Capítulo 4

La Iluminación

La Idea de una Iluminación carente de emociones incómodas es la moda, de seres que quieren tener mentes en blanco, de estados de paz exteriores y calmas aparentes, es muy atractiva, muy llamativa, pero **NO ES REAL**, no lo es, y no lo será porque pretendemos dejar de ser Seres emocionales, prácticamente queremos dejar de Ser Humanos, con todo lo que ello conlleva, esa búsqueda de la perfección interna, de la espiritualidad perfecta, es la que nos tiene obsesionados por buscar la aceptación externa de tu humanidad regida por bloqueos de la vulnerabilidad que acompaña a lo que hoy se consideran modas, **en el momento que decides aceptarte tal cual eres con errores y aciertos es cuando tocas con los pies en la tierra y asumes tu responsabilidad con el todo**, descubriendo **«quién eres»**, amándote tal cual eres, incluyendo las áreas que aún no tienes dominadas debido a no darte la tarea de saber más de su naturaleza.

Si sigues llorando, riendo, cayendo, levantándose, fracasando, cuando sientas que no puedes más, o que te ahogas al tocar fondo y te rompes en mil pedazos o cuando sientas que resurges como el Ave Fénix y renaces de tus cenizas, o cuando pides perdón y perdonas y te perdonas a ti mismo, o cuando amas y le bailas, y le cantas, a la Vida **estas gozando de el placer de vivir,** porque es lo que somos vida, por mucho que lo intentemos, por mucho que nos neguemos, por mucho que nos abandonemos, seguiremos siendo parte de este sistema general de la vida, la Iluminación no es lo que CREES. **La Iluminación simplemente es SER CONSCIENTE** de que **no hay nada más divino... que «ser Humano».** Con todo lo que «ser Humano» implica, o te Rindes a tu humanidad, a ti, o te pasas la vida rechazando lo existente, odiándote y sufriendo, la elección está en ti.

¿Qué es la iluminación? La **iluminación** es un concepto filosófico y espiritual que puede ser abordado desde múltiples perspectivas. En su acepción más habitual significa **«adquisición de entendimiento».** No obstante, **iluminación significa darse cuenta de la verdadera naturaleza de uno mismo**, es decir, ahondar en el yo y disolverlo en la verdad del ser, llegando así a la conclusión de que no se es ni el cuerpo(forma), ni la mente (condicionamientos y narrador interno). Más bien es un todo

El ser un ser iluminado, es ser, un ser con alto entendimiento prácticamente alguien que forma un carácter agradable yo siempre le explico a mis clientes que el mejor carácter que he conocido lo vino a mostrar Jesús hace casi 2,000 años mostrando en sus 3 años de ministerio una forma peculiar de tratar con todos inclusive quienes le hicieron daño, por ello fue alguien que fuera de la religión logró impactar la historia hasta hacer un antes y un **después de su vida empezamos nuevamente a través del amor**, el mostro ser un ser demasiado iluminado mostró en sus obras ese entendimiento adquirido de forma divina desde pequeño mostró su seguridad de lo que venía hacer al mundo ocupándose de las cosas de su padre wooow que seguridad... **nosotros en qué momento perdimos esa seguridad con la conexión con lo divino**, debemos volver a tener esa conexión individual con el poder superior, para a su vez tenemos la **oportunidad de ser para alguien ese instrumento para que la divinidad obre en su vida** comenzando con ese acercamiento que tú puedes dar para el otro, estar para los demás es lo que hace que **fluya el amor incondicional en este plano.**

Es momento de **aprender a agruparnos a través del amor**, tú eres muy valioso y sabemos que todos somos compuestos de lo mismo, igual de valiosos, somos parte de la divinidad compuestos de los mismos sistemas, sabiendo que siguiendo la ruta correcta disfrutemos de ser lo que queremos ser, conscientes de adquirir el entendimiento de quienes somos, **estar iluminados significa reconocer que somos** y **utilizar adecuadamente todos los recursos de los que estamos compuestos**, si en este libro lo único que te queda es entender lo necesario que es adquirir los conocimientos de quienes somos habremos ganado porque **así serviremos correctamente a la colectividad** (hicieron un estudio donde alguien se hacia su propia hamburguesa y se tardó 6 meses en cosechar su verdura, criar un pollo, matarlo y cocinarlo hacer su propia mostaza y mayonesa y gasto 1,500 dólares, con la ayuda de los demás lo tienes en minutos y a un costo razonable 5 a 10 dólares... te sigues cuestionando si necesitas a los demás) y es ahí donde viene la semejanza a **ser un cuerpo que por no entender cuál es el rol de cada célula se vuelve en radical libre** queriendo hacer lo que quiere y no lo que requiere, por tanto se forma el cáncer con tanta célula haciendo lo que quiere y no lo que requieren. O sea, es como mandar a una neurona a la rodilla o las células que forman el hígado mandarlas a la uña o así generar un descontrol por falta de identidad y por tanto ojala quedara ahí con una célula rebelde el problema es que se agrupan y forman cuerpos extraños que se van multiplicando hasta convertirse en tumores, comenzando a sentirse fuera de lugar y generando conflictos mayores, **¿te suena esto?.**

¿Qué es un tumor? Masa de tejido de una parte del organismo cuyas células sufren un crecimiento anormal y no tienen

ninguna función fisiológica; estas células tienen tendencia a invadir otras partes del cuerpo. De esta definición me llama la atención el que "no tiene ninguna función fisiológica" así que investigue qué quiere decir eso y dice que la **fisiología** (del griego *physis*, "naturaleza"; logos, "estudio") **es el estudio de la función biológica —cómo funciona el cuerpo, desde los mecanismos moleculares dentro de las células hasta las acciones de tejidos, órganos y sistemas, y cómo el organismo en conjunto lleva a cabo tareas particulares esenciales para la vida—**. En el estudio de la fisiología se hace hincapié en los mecanismos —con preguntas que empiezan con la palabra *cómo,* y respuestas que comprenden secuencias de **causa y efecto**—. Tales secuencias **pueden entrelazarse hacia historias cada vez más grandes que incluyen descripciones de las estructuras implicadas** (anatomía) y que se superponen con las ciencias de la química y la física.

Como vez **la Iluminación es la adquisición de entendimiento** y con estos conceptos vino a mí el entendimiento que **así como funciona el sistema humano de un cuerpo funciona en gran escala a nivel social**, cuántas masas de personas ahora mismo están agrupadas tomando un alto crecimiento pero sin ninguna función fisiológica, no están interesados en nadie más, más que en pasarla bien y disfrutar de forma egoísta, ya no se preocupan por los demás ni les apetece apoyar a los necesitados solo saben vivir la vida sin mecanismos ni **tareas particulares esenciales para mejorar en conjunto** y puedo atreverme sin sentir ningún peso por las acciones que hacen en el día a día que generan **la causa y efecto** no se preocupan de las consecuencias están separados de todo y solo piensan en sí mismos y en ser comprendidos.

En este momento ¿cómo estás viviendo tu vida?, Estás preocupado solo por ti o por ¿cómo ayudar a tu comunidad a través de ti?, en este momento te preocupan tus finanzas, tus necesidades, tus deseos, te enfocas en que los demás te entiendan que te ayuden pero tú ¿ayudas?, conoces a gente que en este momento pasa por malos momentos y que haces escondes tu mano, no lo creo, todos tenemos esos deseos de ayudar pero por no estar iluminados (por o adquirir entendimiento) no conocemos el **CóMO** podemos ayudar.

Todos tenemos deseos de pertenecer a algo mayor de lo que hacemos pero no hemos descubierto el cómo, y para llegar a él, primero hay que comprender varios conceptos que estamos desanudando uno a uno en este libro, y la Iluminación era uno de los principales de entender, estar iluminado no es vestirte de blanco y simular ser perfecto que no tienes cosas negativas en ti, eso está muy fuera de la realidad **el iluminado es una persona que a adquirido entendimiento superior que ha**

aprendido a comprender, de hecho te recomiendo veas la película "Soul", de Disney, donde el ser que se encarga de rescatar almas es una persona que en esquina de nueva york mueve un letrero para invitar a comprar a una tienda, el tipo pudiera parecer que no tiene nada en la vida pobre, desaliñado pero es el más sabio de todos, ahí, es donde llego mi comprensión que la iluminación era algo muy diferente a lo que me habían inducido a buscar y creo que a esta altura de esta lectura, tú has comprendido esto básico, así que vas en camino de la iluminación pero ahora pregúntate ¿después de que harás con ella? La repuestos está en comprender, sabes que en algunas vertientes de investigación muestran que **el cáncer se cura con amor**, de hecho existe una película que te recomiendo que se llama más allá de la luz donde Rene Mey nos muestra cómo **las células son emocionales** y **entre más amor les das más bajan la resistencia y rebeldía que ocasiona se agrupen sin razón y con un crecimiento acelerado que es los llamados tumores** y si en el cuerpo se ha llegado a encontrar que los tumores llegan a hacerse más pequeños e inclusive desaparecer cuando **el paciente ha dejado de estar a la defensiva y en alerta prácticamente cuando han agregado amor a su sistema.**

Imagínate lo **que pudiéramos hacer con amor para toda esta población actual confundida** por las modas excesivas cargadas de acciones egoístas e infundadas de alguna razón positiva o de servicio para la humanidad, **debemos ser empáticos y comprender a todos aquellos que no saben qué hacer con su vida**, es tiempo de tratarlos libres de juicios, más bien ayudarles en su crecimiento personal guiarlos a la Iluminación, a que adquieran el entendimiento necesario en especial de que es ser un SER HUMANO, hoy en día esa simple comprensión es difícil ya no saben que son, eligen cosas que los lleva a auto dañarse, vemos grupos que inclusive quieren cambiar el lenguaje y ahora nombran las cosas de forma diferente con el lenguaje inclusivo.

¿INCLUSIVO DE QUE? Son seres incomprendidos necesitan nuestra ayuda, necesitan agregar conocimientos a su sistema, ellos requieren aceptación pero la buscan de una forma errónea, tú puedes hacer la diferencia en tu entorno, vuelve a **el centro de todo, EL AMOR**, solo el amor y sobre todo el incondicional es el que puede lograr que la comprensión llegue, dejémonos de tratarnos como enemigos, **es tiempo de voltear a ver al otro con amor ese amor al prójimo** que Jesús hace 2,000 años predicaba, es una enseñanza que no se puede perder es tiempo de avanzar de volver a los inicios, de darle esa oportunidad al amor a hacer la magia en este plano, **yo soy una prueba viviente de que vivir respetando el orden divino vale la**

pena, la iluminación te llega que cuando adquieres el entendimiento de todo, cuando respetas a los otros cuando te regulas por las leyes universales, cuando respetas los valores, las normas, cuando respetas al otro, cuando eres capaz de sentarte con los que no piensen igual que tú, cuando logres aceptar que todos tienen capacidades diferentes y que eso complementa las tuyas haciendo ese mecanismo perfecto para crear las actividades y tareas particulares esenciales de la vida, que una de las principales es ser **FELIZ.**

Hoy comienza tu camino a la Iluminación y sé que lo harás bien, sé que veras con otros ojos a los demás, comprenderás más sobre su naturaleza y no te dejaras guiar por las creencias más bien dirigirás tus pasos por las certezas y de las principales es que **somos una unidad somos un sistema humano y que estamos compuestos por células emocionales que requieren amor**, así que a partir de ahora se esa antena que emite ese amor abundante e incondicional recuerda que todos los que están a tu alrededor lo necesitan me atrevo a decir que tú también lo necesitas... yo lo necesito, el amor sana, el amor todo lo puede, **el amor es el compuesto principal de la partícula divina.**

¿Ahora comprendes que es ser un SER ILUMINADO?

LA ILUMINACIóN NO ES LO QUE CREES
Todos buscamos la felicidad, el sentirnos en paz, el tener la conciencia tranquila, el dormir a pierna suelta... Y cada persona, según su naturaleza, su cultura y su educación, seguirá un camino distinto para encontrarla. Solo es **ADQUIRIR ENTENDIMIENTO y disfrutar de la vida.**

Mi antiguo anhelo (que es el mismo que el de todos) **era fulminar de mí** (y, por ende, del mundo) mis sombras, **mi oscuridad**, aquello que no me gustaba, aquello que me habían dicho que no era lo correcto, lo perfecto. Quería eliminar las emociones que están etiquetadas como negativas. Quería SóLO sentir las positivas. Las «puras». Las «virtudes». No quería sentir tristeza, sufrimiento, dolor, ira, asco, inseguridad, vulnerabilidad, vacío, soledad, miedo...

Es decir, quería dejar de SER HUMANA. Lo cual, es imposible porque SOY Humana, por muy divina que también sea por más que busque la aceptación de un poder superior **soy la que soy** y Jesús también lo predicó soy el que soy, di, esas palabras a tu interior y dime que siente tu interior...

Eso es lo que escondía mi Iluminación un gran engaño,. Mi IDEA de felicidad era errada, si preguntamos a los 8.000 millones de humanos que habitan el planeta, nos daríamos cuenta de que TODOS tenemos esa misma **idea-raíz**, aunque cada uno intenta encontrarla a su imagen y semejanza pero la suya la que han construido en este plano con todo lo incorrecto lo que solo seguimos por moda pero que no tiene nada que ver con lo real, nos distraemos con lo que actualmente nos vende el sistema pero muy pocos **nos adentramos a aprender sobre el universo, sobre la ciencia, sobre la química corporal, sobre la naturaleza, sobre nuestro cerebro, sobre nuestra vida, nuestra energía, nuestro ser** ...

La Iluminación no es lo que CREES. Y tú puedes elegir ser alguien que **comprende y coexiste** o alguien que quiere desarrollar su propia voluntad y morir enfadado con el mundo... Tú decides.

¿Cuánto más quieres vivir conmiserado porque te sientes imposibilitado hoy?, ¿por qué crees que no perteneces aquí?, porque alguien te humillo, rechazo, traiciono, abandono o porque hicieron injusticias contigo, deja de sentirte el elegido para ser intocable, **permítete disfrutar de ser un ser humano experimenta lo simple sin temor**, descubre la belleza en lo simple, **aprende a coexistir con el caos**, el caos es necesario para avanzar, todo lo que te pasa te pasa para comprender, no comprendes viene de nuevo la experiencia para hacerlo mejor solo es eso.

Ser ILUMINADO es sólo un ser que aprendió a Coexistir con el todo, que respeta y ama a cada molécula existente en el universo, que hoy vive en comunión con lo demás, disfrutando de las bellezas naturales y artificiales de la misma forma, que **mantiene el equilibrio en su sistema interior y su sistema exterior comprendiendo que cada ser humano tiene diferentes formas de vidas y que todas son perfectas** y todo obra para bien, todo tiene orden divino, es Dios en cada uno, siendo instrumentos divinos para facilitar nuestro avance y caminar en la tierra, es hermoso valorar el paso de cada ser en la tierra, es grandioso respetar la coexistencia de todos y ser y disfrutar de quién eres.

Capítulo 5

El Autoengaño de la FELICIDAD

El autoengaño de la felicidad que actualmente a la mayoría de nosotros nos invita a vivir en la frustración e infelicidad, siii genera un efecto contrario porque nos vendemos la idea de que tenemos que estar feliz siempre, en el 100% de nuestra vida o sea las 24 horas de nuestra vida nos obligamos a estar felices, **¿de verdad crees que una persona en balance pudiera lograr tener el 100% de su vida en una sola emoción de las 6 básicas? ¿vivir en felicidad todo el tiempo?** lo dudo mucho y no quiero asustarte pero este libro te va hacer entender que el ocuparte por tener una espiritualidad alta y **ser feliz te ha llevado a la separación con tu entorno y por consiguiente con el todo**, se que no quieres que suceda esa separación, es simplemente que ha llegado de manera automática al momento en el que te sientes separado en ese 1% de las población disque iluminada, pero para ser sincera **¿te ha servido ser una persona iluminada?** por qué en mi caso no me sirvió de nada.

Al momento en el que me separé de todo mi entorno pensando que ellos eran los malos y yo la buena del cuento porque en la soberbia de Patricia, en mi cuento yo era mejor que los demás, digo no lo decía, tampoco era tan soberbia, sin embargo viví pensando por un tiempo que los de fuera querían robarme algo que yo pensaba que solo me pertenecía a mí, **vaya que si era egoísta cuando veía que alguien me humillaba, o me trataba mal, lo que yo hacía era retraer mi energía, esconderme en un papel muy cómodo del ego que se llama víctima** y me llevo a experimentar demasiados momentos infelices, tan solo por ir buscando la felicidad a través de esperarla de este mismo plano, pero la felicidad nunca llegó, esta felicidad que yo busqué en las personas que estaban mi alrededor nunca llegó, me sentí frustrada, los veía y creía que yo tenía la autoridad de dirigir su vida o de plantear mes a mes una vida diferente esperando encontrar la aprobación de los que me rodeaban y cuando no estaban viviendo la vida como yo, trataba de alejarme y me separe de todos, cosa que hacía totalmente lo contrario de lo cual se supone que iba o estaba destinada a divulgar, que es **la unidad universa**l, concepto que hoy me doy cuenta de que es algo muy complicado de generar.

La sociedad actual, las modas actuales nos entrenan para ser tan egoístas porque nos educan desde pequeños a ser competitivos, nos educan a estar cuidándonos de que el otro no nos friegue, nos educan a que tenemos que tener cosas mejores que los demás y vamos viviendo en una doble moral en la que primero de pequeño te dicen que tienes que ser amable, tienes que ser bueno, tienes que portarte bien y desde la adolescencia en adelante tienes que defenderte, cubrirte, porque toda la gente es mala, y comienzan con otro dialogo donde te dicen que debes de cuidarte que te van hacer daño, que no te dejes, que te cuides, que te van a robar, abusar, maltratar, o sea, primero es creer en los demás cuando eres pequeño y cuando ya eres adulto te dicen que todos buscan molestarte y que estas en peligro en todo momento.

Con esa doble conversación no sabes cómo responder ante la vida, nos venden la idea de que tenemos que respetar a todos y a la vez que te tienes que cuidar de todos, así que cuando creces vives de acuerdo con tus traumas, de acuerdo a tus vivencias y por consiguiente como en la escuela y en todo momento te educaron para que fueras competitivo comienzas una guerra fría en contra de todos los involucrados de tu vida. olvidando que para ser el mejor no necesitas demostrarlo, porque solo lograrás separarte aún más de lo que actualmente ya estás, no puedes entregar tu corazón a las personas porque tienes miedo, miedo a que te hagan daño así que empiezas a cubrirte con una gran coraza de la cual a veces es bien difícil salir y es por la cual comienzas actuar en base a filtros y es **entonces que en las redes vez a todas las personas con filtros mostrando una vida feliz falsa.**

La falsa espiritualidad actual te vende una idea

que te sumerge en un estado donde continuamente quieres **salir de este plano para elevarte a la superioridad de otra dimensión donde sí disfrutes**, donde si puedes sentir paz y se te obliga acceder a ese nivel a través de estar continuamente en la meditación, en los ejercicios místicos, la oración, y demás técnicas y terapias holísticas, aquí cabe mencionar que **el pensar que eres buena persona porque tienes herramientas que otros no conocen te separa de los demá**s o como dicen los cristianos ya no eres del mundo, eso es ignorancia sigues siendo un humano y aun no te llega la iluminación porque si ahora tú eres mejor que los otros caíste en el **lado contrario del equilibrio con una alta autoestima** que te hará igual de daño que la baja autoestima.

En cualquier técnica que te obligue a estar pegada a las herramientas continuamente sin descanso te hará distraerte de lo más importante que es **vivir aquí y ahora** para poder tener paz (que no sea solo esa paz exterior que se ve en todos lados actualmente y que nos promete aparentar estar bien) se requiere de algo más interno que es **un proceso de transformación personal "HOMEOSTASIS"** no es saberte las herramientas es **SER el instrumento divino de acción conectada a su orden**.

Quien aprendió a coexistir, aprendió a valorar su ser y al conocer que nos ordenamos por 6 emociones básicas aprendemos a utilizarlas todas con amor incondicional a la coexistencia.

Ese es el secreto para salir de esta metástasis social en donde todos nos atacamos por la falta de comprensión social.

No necesitas estar feliz toda la vida, **necesitas coexistir adecuadamente con los demás** yo sugiero 5 pasos de comprensión para llegar a la iluminación.

CIENCIA

CONCIENCIA

PACIENCIA

PERSEVERANCIA

COEXISTENCIA.

En cada uno de esos pasos está el camino hacia la ILUMINACIÓN primero meterle **CIENCIA** a nuestro sistema, o sea, salir de la ignorancia no pretender decir quién soy, más bien conocer cada parte de mi sistema en especial en mis 5 áreas principales, **Cuerpo, Mente, Emociones, Energía y Espiritualidad** en cada área hay un universo por descubrir créeme que si te pusieras a investigar sobre la composición humana en todos los sentidos no tendrías tiempo de andar llorando por situaciones fuera de ti, ni pendiente del chisme del día, de verdad no habría más atención que a **descubrir la majestuosidad humana** en todos sus componentes, aprenderás amarte y a valorarte más, puesto que comprenderías cual milagro más grande somos en composición no te estarías identificando por elección de equipo de fútbol más bien comprenderás la composición en unidad con el todo y cuan grande es esto.

A PESAR DE TODO RECUERDA LO IMPORTANTE QUE ERES

Sé que esta lectura es muy complicada y que nos hace reconocer cuánta necesidad de entendimiento debemos tener, tu eres valioso tal y cuan valioso son los demás, debemos en trabajar bastante en el dominio propio y en adquirir los conocimientos de nuestro valor, adquiriendo herramientas que aumentan nuestro entendimiento y nos trae como individuos el desarrollo de prácticas de comprensión, existen una serie de ejercicios de desarrollo personal es inmenso ese campo, que nos sirve para convertirnos en Iluminados tenemos que desarrollar un conjunto de habilidades básicas yo te sugiero unas en específico, las cuales son; **la meditación, la intuición y la visualización**

creativa. Tres herramientas poderosísimas para el desarrollo personal e inclusive para la resolución de muchísimos conflictos que traen a nuestra vida desgracias y penurias, tanto físicas como emocionales.

Desarrollando la meditación irás reduciendo los niveles de cortisol (la hormona del estrés) y a su vez también vas a reducir **la preocupación excesiva y el pensamiento intrusivo que son las hijas malévolas de la peligrosísima ansiedad**. Vas a mejorar tu salud mental y física, esto como beneficios externos para tu ser. **Ahora para beneficios internos tendrás la autoconciencia**, que basta con decir que al conocerte a ti mismo el cambio en tu vida será gigante.

Desarrollando **la intuición tendrás el poder de tomar decisiones rápidas** con poca o ninguna información respondiendo de manera eficaz a situaciones complejas, **comprensión profunda de situaciones**, los que nos ayuda a obtener información de cualquier situación externa que nos involucre de manera directa o indirecta, mejora nuestra creatividad para ver de manera diferentes y en varios enfoque situaciones que nos jodan la vida, esto como beneficio externo, pero, como es adentro es afuera y como es arriba es abajo, **nos da la posibilidad de conectarnos espiritualmente, conectándonos con** nuestro yo interior y con el universo ayudándonos a comprender un propósito.

Desarrollando el pensamiento creativo aumentarás tu productividad, pensado de manera novedosa ahorrando tiempo y esfuerzo sin razón, aumentaras el desarrollo de tus ideas con conceptos innovadores que te pueden ayudar a alcanzar objetivos y mejorar tu capacidad de resolución de problemas viendo estos de diferentes ángulos.

Esto es parte del **camino a la Iluminación, al iniciar este proceso requerirá mucho enfoque, perseverancia y disciplina para un profundo cambio y mejoramiento en tu vida**, ya la comunicación efectiva se abrirá y serán los hechos y los resultados los que generen el estilo de vida que disfrutes y desees.

Si tu solit@ prácticas estas tres habilidades y ves que tu vida cambió muchísimo imagínate cuando **los seres de buena voluntad y de luz se comuniquen contigo**, que es la otra gran habilidad cuando decides Iluminarte, nosotros como mentores tenemos esa gran responsabilidad de enseñar a través de los procesos de cambio de pensamiento que el mío lo puedes encontrar en www.delacrisisalexito.com créeme que la vida con desarrollo personal te hará ser **un SER HUMANO conectado con su misión de vida mostrando las posibilidades inimaginables para**

disfrutar del aquí y el ahora.

Deja de ser parte de todos esos seres que han elegido vivir a como ellos quieren sin dirección, ni lineamientos, que van pasando la vida solo viviéndola con presiones, preocupaciones, ansiedad, desánimo, frustraciones, fiestas, sedientos de atención y reconocimiento particular, en vez de eso **comienza a reconocer que eres parte del todo, ama incondicionalmente, medita para que desarrolles tu intuición y tengas pensamientos creativos y con ellos llegues a vivir la vida a plenitud logrando un legado, trascender a través del servicio** que hayas hecho para los otros, la vida es hermosa pero debes tener claro qué quieres **SER - HACER- TENER- TRASCENDER...** Eso es llegar a ser un ser Iluminado.

Lo importante es mantenerte humilde, paciente, agradecid@ porque eres parte de este sistema humano y tú puedes lograr bastante si reconoces tu lugar, abrazas tu estado actual de vida y te vuelves más consciente de lo que puedes impactar si te centras en tu poder interior.

Recuerde que hay herramientas para salir de las crisis cada vez que llora, y escribe lo que siente, o se desahoga con alguien, **su energía se purifica y eleva su vibración**, cada vez que ríe, canta y baila disfrutando la vida, su energía se purifica y eleva su vibración, cada vez que hace lo que le gusta, y ejercita y mueve su cuerpo su energía se purifica y eleva su vibración, cada vez que pide y se pide perdón, que perdona y da gracias con el corazón, su energía se purifica y eleva su vibración, y cada vez que se respeta y se ama a sí mism@, y a los demás de verdad, además de purificar su energía y elevar su vibración, también **ayuda a nuestra hermosa tierra a vibrar en la frecuencia más alta que es la del AMOR!**

Por eso, ya no lo demores más, ármate de valor, y ponte a trabajar en **sí mismo** para ayudarse a enfrentar el proceso que esté viviendo, pues **el trabajo más importante de tu vida eres tú, , por qué todos somos uno si vibras alto, todos vibramos alto**, sé que puedes, atrévete y haz que suceda, abrázate, ama, perdona, bendice, llora, desahógate, fluye con todo...Pero sobre todo nunca dejes de pensar en positivo...La mayoría de los seres humanos viven enfrascados creándose problemas por querer agradar a los demás, adaptándose a las modas actuales sin medida de una autodestrucción personal con tal de aparentar ser quienes no son, tú eres un ser completo lleno de infinitas posibilidades que puedes crear conscientemente.

Si te concentras en crear a través de lo que verdaderamente eres en esencia tú estarías viviendo una experiencia de vida llena de amor incondicional y fluirías en

disfrutar de tus procesos personales como por ponerte un ejemplo en tu respiración, si en ella sucede el milagro de vida que te lleva a oxigenar todo tu sistema.

Siiii, t**us células están recibiendo vida cada que respiras**, y cuando tú piensas negativo o te obstruyes por enfocarte en crear lo que no te corresponde alientas este proceso y respiras más superficialmente así que imagínate lo que tus células reciben ¿será el mismo flujo de respiración? ¡¡nooooo!! Es menor y por ello tus células se van a quejar y obvio te vas a enfermar.

Las células están compuestas de átomos que están recibiendo esta alimentación cortada y esto es solo por ponerte un ejemplo porque ahí hay otras alimentaciones corporales que cortas y no te das cuenta, **la vida es hermosa y debemos aprender a decidir si queremos seguir viviendo como radical libre o comenzamos a ordenar nuestro ser** para así ordenar nuestra generación, dejemos de colaborar con el cáncer de la sociedad y volvamos a recordar que juntos somos un cuerpo del todo, el universo es un sistema con muchos sistemas interiores y entre ellos estas tu, coexistiendo con todos.

Capítulo 6

Disfruta de tu vida con todos los detalles de ella

Sé que es difícil aprender a abrazar tu vida con todos los colores y todas las emociones, sin embargo es el camino correcto al éxito.

Entre las recomendaciones que te puedo sugerir es que **hables en positivo**, trata de mantener conversaciones sanas tanto fuera como dentro **cuida que en tu pensamiento se mantenga libre de toxinas provocadas por acumular cortisol** una hormona que te sugiero conozcas más.

¿Quieres de verdad modificar tus comportamientos?

¿Quieres de verdad que tu vida cambie?

¿Quieres obtener resultados diferentes a los actuales?

Conviértete en un observador de tu ser, manteniendo tu esencia activa las 24 horas al día, por 7 días a la semana por 52.3 semanas al año por toda la vida. **Mantén tu enfoque a observar tu estado mental tal cual como cuidarías a un niño recién nacido** el cual no puedes quitarle los ojos de encima en ningún momento y le tienes atención plena.

Haz tus acciones con paz y amor manteniendo en tu corazón la libertad de elegir, todo lo que te haga liberar hormonas de felicidad.

¿Sabes vivir en abundancia divina?

¿Sabes disfrutar de todo lo que te pasa en tu vida?

¿Sabes actuar en base a lo que piensas que es el éxito para ti, llevando a cabo pequeños milagros?

¿Tienes problemas familiares, laborales o de pareja? No te culpes aunque si debes aprender que es parte de un proceso y para pasarlo debes pasar todos los pasos a seguir hasta que se cumplan los requeridos para terminar el proceso.

No podrás adelantar nada, debes esperar por muy doloroso que lo sientas o por mucho que sientas que no lo mereces **es porque es y es por orden divino**.

La forma en que mejorará tu corazón es aprendiendo más de tu propio sistema, cuando le metas ciencia a ti mismo y aprendas más sobre la máquina más perfecta que puedas llegar a conocer que es tu ser humano, lograras mucho siendo tu mismo/a tú eres poderoso/a y **tú puedes**

Podrás crear lo que desees y también tienes el poder revertir lo que quieras el presente está diseñado con muchas posibilidades inimaginables

Hoy es el día que puedes **resetear tu vida aquí y ahora puedes lograr lo que deseas, arriésgate a vivir al máximo, a disfrutar de la vida a conectar con amor a vivir y vivir a**

libertad.

Mira el cielo, encántate con su magia, canta una canción favorita y mantenla ahí hasta que te robe sonrisas y suspiros, medita pero no demasiado, valora lo que tienes, no te dejes atrapar por la corriente actual con sus modas.

¡Entrena tu mente antes de que sea demasiado tarde e intoxiques tu cuerpo por la falta de energía... cuida a tu Ser interior!

ATRÉVETE A SER TÚ

Cuando eliges ser tú, estarás más atento/a a observar a las personas más allá de lo que te contaron.

Cuando decides ser tú eliges aprender y capacitarte más allá de lo que te dijeron que era la única verdad que desde pequeñ@ alguien te implanto.

Cuando decides ser tú eliges amar incondicionalmente más allá de los límites aunque signifique correr riesgos.

Cuando decides ser tú eliges la libertad para crear y disfrutar más allá del escenario creado para distraernos haces tu propia experiencia de vida un universo entero.

Cuando decides ser tú volarás más allá de las estrellas reconocerás que eres polvo de ellas y entenderás la unidad universal.

Cuando decides ser tú ves el mundo y a las personas todo de forma distinta aprendiendo amarlos con todas sus estructuras.

Cuando decides ser tú entiendes que vives en un proceso más allá de tu control aprendes a fluir con los cambios en tu vida desde el amor incondicional respetando los tiempos divinos.

Cuando decides ser tú te capacitas a entender tus pensamientos cambiando tus percepciones que con ellas manejas tus estados emocionales por ello tan importante saber guiarlas.

Cuando decides ser tú las puertas que se abren en tu vida las tomas como oportunidades y sueltas las puertas que se cerraron con amor sin rencor, ni ningún sentimiento negativo.

Cuando decides ser tú observas como "lo malo" no es malo, eso te formó para que hoy seas quien eres y entender que es parte de tu proceso "simple aprendizaje"

Cuando decides ser tú comprendes la unidad con el todo y disfrutas del viaje por alguna razón estás en esta vida, mantente alerta a lo que es tuyo y por derecho divino te corresponde.

Pat HC Mentora

Capítulo 7

Descubre tu magia interior

Quizás podemos tener miles de argumentos de lo que tú crees que eres a través de identificarte con situaciones que actualmente estés pasando, es normal, te comiences a identificar con trastornos que crees que te están sucediendo por qué tus síntomas son similares a lo que alguien le puso un nombre y se excedió al poner más atributos que consideran agresivos para el buen relacionamiento con los demás.

Cuando **te has adjudicado esos síntomas no haces más que asegurarte que los demás lo aprueben con sus conductas agresivo-pasivas** en tu contra debido a no ser como ellos quisieran que fueras, cuántas veces has caído en ser la persona en discordia por qué no te dejaste manipular a su conveniencia o porque no obtuvieron eso que querían gozar de ti sin ningún esfuerzo extra o reciprocidad de activación de códigos.

¿Consideras que este año te quedaste solo?... bienvenido/a a Mi tribu, no te preocupes es solo **un espectro de la realidad que está provocándote un reacomodo en tu sistema para adaptarte a una nueva realidad donde si tú, tienes más control en todo lo que te sucede y sucederá a partir de ahora.**

Esta información ha llegado a ti en el momento

crucial donde **tienes en tu mente que debes crear una nueva realidad o morir en el sistema viejo donde ya no tienes nada que ofrecer.**

Tal vez en estos momentos estás batallando en tu trabajo o se a vuelto complicado o has procrastinación bastante que te invade la pesadez cada que te quieres ocupar en avanzar, tus relaciones se han vuelto frías y distantes por qué crees que no tienen nada nuevo que ofrecerte además que la frialdad con lo que te tratan te ha contagiado hasta volverse uno más en esa caja de poca muestra de afectividad que hemos caído como sociedad, tú te encuentras en esa continua discusión interna de si ha valido la pena lo que actualmente has logrado o no, haciéndote pasar por momentos de frustración y depresión que te han quitado las pocas ganas de vivir, Tengo algo que decirte si esto que has leído anteriormente conecta contigo **es una llamada de alerta que el universo (Dios) te está otorgando para hacer cambios reales en tu sistema que te lleven a reordenar hacia la paz que sobrepasa cualquier entendimiento**.

No viniste a este mundo a sobrecargarte de sucesos lamentables y falsos dogmas que te mantienen en alerta y estresado, viniste a VIVIR y es la vida la que se te está pasando por estar enfrascado en seguir en ese sistema obsoleto, tú ya traes la llave maestra, la respuesta está adentro, cuando partes desde tu interior comprenderás que tú no necesitas más que estar en paz contigo y con los demás para ser feliz para ello se requieren atributos qué tal vez no estás dispuesto a acondicionar en tu sistema y eso está bien, es parte del libre albedrío "elegir" es un regalo divino que bien puedes utilizar a tu favor o en contra.

Con PNL en mi proceso de cambio de pensamiento que desarrolle puede hacer que tu elección esté dictada bajo la ciencia que le pongas a tu sistema haciendo consciente lo que has mantenido inconsciente y que es con lo cual te ha hecho crear desde lo desconocido, pero si te dijera que **en 21 días tú tienes la capacidad de reactivar nuevos enlaces cuánticos para actuar desde el entendimiento y conexión neuronal activa para este presente** ¿me creerías?

Si entra la duda cómo cambiare eso que por 10 o 20 o 30 años he cargado en la espalda, lo cambiare en 21 días es irreal, es normal que lo dudes pero yo tengo muchos testimonios de personas que han pasado por estos procesos y **hoy ven la vida de forma diferente o han dado pasos agigantados a su historia de vida para entrar en la felicidad.**

Sé que no es fácil pero créeme que cuando tú decides entrar en ti y abrir esa cajita de Pandora que todos tenemos llena de sucesos y **códigos que nos bloquean nuestra realidad lograrás esa paz que sobrepasa cualquier**

entendimiento.

Tendrás la posibilidad de vivir feliz aquí y ahora y esa es una buena razón para compartirla con el mundo entero, y a través de ti puedes ser un o una emisora más que trae a la divinidad a este plano.

Tal vez algunos términos no me entiendas es normal, pero **si te atreves a trabajar en tu interior esto tendrá más lógica y será genial que tu vida se modifique a los resultados esperados.**

Ser feliz y disfrutar de la vida en tu presente es posible a través de los entrenamientos particulares que ofrezco así que no dudes en agendar una cita conmigo Pat HC Mentora para salir de la crisis, al éxito

Más información al 7028268594

Eres parte del todo, no lo olvides.

La vida es hermosa hoy es el tiempo correcto, agradece en todo momento ser parte del todo, agradece a las personas que aun sabiendo tus más profundos secretos deciden quedarse contigo, al fin día despertarás y simplemente te sentirás diferente por elegir solo ser tú.

El día que ames ser quien eres cualquier cosa que

pase será parte de tu experiencia de vida pero no será lo que defina tu ser, llegará el momento en el que te darás cuenta que tu celular no suena constantemente debido a que has andado en tu dirección correcta con rumbo a la felicidad donde ya no existen tantos dramas, donde **solo las personas que te aman sabrán buscarte llenando tu ser de amor incondicional**, llega el momento en el que no existen preocupaciones, no importa que te quedes sin nada, sabrás seguir adelante sabiendo que al ser parte de ese todo, todo, todo estará resuelto según el orden divino.

Con sabiduría tendrás la oportunidad de **ser tú, libre en tu máxima expresión siendo tú mismo/a quien elija qué experiencias decir sí y cuáles no**... y **todo estará perfecto pues serás guiado/a por tu ser crístico que siempre buscará tu máximo esplendor.**

Amarás incondicionalmente en este punto de vida cuando sabes quién eres lo más valioso es que también sabes quien no eres, y eso te evitará exponerse en lugares que simplemente no vibren igual que tú, tendrás la elección de escoger a tus amistades, y aprenderás a valorar y **amar más a tus familiares esos que siempre han estado y seguirán estando por que te conocen al 100% y saben cuan valioso eres**.

Cuando estás en unidad con el todo ya no hay vacíos, no hay pruebas, ni

experiencias para probar tu grandeza… me atrevo a decir que no te sientes ni grande ni pequeño, es cuando entiendes que eres una parte del todo y **cuando estás al 100 por ciento de tu capacidad entenderías que eres omnisciente, omnipotente y omnipresent**e… pero no lo entenderemos en este plano ni con esta vasija actual. **Ahora nos queda conformarnos con aprender a sentirnos bien en homeostasis en este contenedor llamado ser humano que no hemos sabido explotar ni al 2 %de su capacidad.**

Vuelve a ser parte del todo **experimenta el amor desde tu esencia, conviértete en un ser lleno de amor y luz capaz de compartirla con los que tienes cerca,** no te olvides que somos manantiales de amor, que aquí y ahora podemos compartir de ese esplendor de luz divina.

Tú vida tiene un significado más grande del que le estás dando actualmente, no viniste a mantenerte quieto y en confort. Elegiste venir a disfrutar de la belleza de la vida y a compartir tu experiencia con los demás, a volverte uno con todos a través del amor, refléjalo con todos los que se permitan vivir esa experiencia contigo.

Hoy tienes la oportunidad de vivir la vida con intensidad, inmensidad y grandiosidad… permítete fluir en esta maravillosa fuerza que genera luz divina que es el amor incondicional.

Vuelve a ti y llénate de ese gran amor divino.

Pat HC Mentora

Llega el momento inevitable en el que el movimiento correspondiente al siguiente paso de tu proceso si no **Lo quisiste hacer consciente se realizará de forma inconsciente en automático** y es doloroso el aprendizaje cuando viene de forma diferente a la que quisieras se realizará, quisiéramos que el camino fuera con rosas 🌹 pero no es así vendrá con espinas, caminos sinuosos, y veredas tenebrosas que te muestran atajos que no son más que trampas, pero al final hasta eso será parte del orden divino.

Hoy considero que la máxima autoridad de hablar de los procesos de vida me la otorga la propia vida, haciéndome caminar en ese mismo espacio, y hoy puedo decirte que es muy difícil avanzar cuando no está claro el aprendizaje que requieres obtener para adelantarlo pasos, lo que sí puedo decirte es que no seas cruel contigo mismo/a **tu puedes** lograr lo que desees, aun a pesar de lo que vivas existe un espacio que es tuyo y ahí nadie se puede meter... y está dentro de ti en tu esencia.

Lo único que evita lo veas es el caos que llevas dentro, las heridas que aún no sanas, las tormentas que regresan en las noches de insomnio cada que te autoflagelas o castigas pensando que lo que vives no lo mereces, y **¿qué tal si, si lo merecieras cambiaría algo en ti?** Noo, no sería lo mismo. Así que no te preocupes si es o no es, simplemente vívelo y vívelo en presente, Tú Eres el único que puede comprender la razón de tus decisiones, de tus dudas y de la poca confianza que te quedó hacía la gente debido a vivencias pasadas, pero sigue siendo tu con tu esencia que el dolor no modifique la grandiosidad que llevas dentro.

Todos viven sus propios procesos y deben tener sus motivos para ser cómo son, **aceptar lo que te pasa y continuar con tu vida es parte de desapegarte de los resultados**, así que sigue activo que lo único que nadie te puede robar es tu *muchosidad*, por cierto, tú tampoco se la robes a nadie amamos tal cual son eso se llama empatía y el mundo carece de ella hoy en día.

Así que relájate la vida es eso que va pasando mientras tú sigues haciendo planes, hoy déjate llevar la divinidad tiene un porqué para tus situaciones déjate llevar solo así se esfumará el estrés que estás cargando sobre ti, **la vida es bella y todo tiene orden divino recuerda tu poder y saca la mejor versión de ti.**

Las personas hoy se conectan con lo que está en el ambiente, lamentablemente lo que existe es una contaminación energética que nos guía en automático a conectarnos con frecuencias bajas donde opera y reina los chismes, ofensas, ataques y otras particularidades que nos llevan a ser infelices, sii, hoy, existe una adición a la infelicidad que ha operado dirigida por energías densas que absorben la energía de las personas conectadas a esas bajas frecuencias, esto no es nuevo lo has escuchado bastante, lo complicado es que nunca te cuestionas cómo salir de ahí... si hoy pudieras hacer **un ejercicio en tu vida y en un cuaderno anota los lugares que visitas y los sentidos que se activan en ellos la vida sería un tanto diferente.**

En este ejercicio nos podemos dar cuenta que las frecuencias no las puedes cambiar **lo que sí puedes hacer es moverte a una frecuencia diferente en donde puedas operar tu desde tu esencia con tu conciencia correcta (elevada)**

Para obtener una frecuencia correcta no creas que es tan fácil cómo se ve, debes emplear tiempo en conocerte, **debes aprender cómo opera tu sistema, a través de la ciencia se reconoce esa sabiduría, ósea debes emplear horas y horas en ampliar tu conocimiento sobre el ser, si sé que esto suena aburrido pero es lo único que te llevará a el éxito personal.**

Conocer y aceptarte tal y como verdaderamente eres no lo que está cortina de información contraria te ha hecho creer, **tú puedes** salir de ahí, solo es cuestión de enfoque y redirección, a través del amor a tu ser, hoy aprendamos a callar ante las frecuencias bajas no divulgues las energías negativas con tus acciones, **aprende amar y si vas hablar habla de lo grandioso que son los demás**, si sale algo de tu boca que sea algo filtrado en **el amor incondicional para que esté cargado de tu esencia porque lo que sale de tu boca eres tú representando a Dios aquí y en la tierra.**

¿Entonces te sientes que estás haciendo bien el papel de embajador de la divinidad?

Hoy puede ser el comienzo de tu proceso de cambio de pensamiento para activar tu esencia a la conciencia divina.

Capítulo 8

Vuelve a tu centro y empodérate con la energía vital

¿Cuántas veces llega a tu mente, un impulso de una gran idea que puede cambiarte la vida si desarrollas un negocio por medio de ello y has estado a punto de hacer las acciones concretas que te lleven a lograr generar un legado y el miedo te ha detenido a lograrlo?

¿Cuántas creaciones se canalizan desde tu ser crístico y acceden a tu imaginación presentes en visualizaciones y no las puedes conectar en la realidad por qué el miedo te domina y te paraliza?

¿Cuántos momentos han pasado con deseos de Ser tú en tu mejor versión y por miedo a no ser aceptado, valorado o reconocido dejas pasar la oportunidad de resplandecer?

Somos parte de la divinidad en nuestra mente se posiciona nuestra misión y al ser seres llenos de amor con la misma materia que está creado todo el cosmos, es lo mismo que forma nuestro cuerpo, con la capacidad de crear la realidad que atraemos por vibración y sentimientos... es por eso trabajar en nuestro interior y el modo que percibimos la vida.

¿Qué serías, o harías, o a dónde llegarías, que lograrías si tan solo pusieras atención a lo que tú mente te está visualizando a través de tu alma?

Hoy es el día donde puedes iniciar una transformación personal con la cual comienza tu mente a moverte a donde si mereces estar, claro respetando el orden divino, y definiendo a detalle qué es lo que te llevará a ver tu creación hecha realidad.

Eso se logra solamente trabajando personalmente, no hay atajos nosotros los coaches, mentores, solo somos acompañantes de este maravilloso proceso que te lleva a otro nivel.

Solo recuerda que para la transformación se requieren 4 pasos **,DESAPRENDER, APRENDER, PRACTICAR y COMPARTIR... CON LA AYUDA DE UN MENTOR TU VIDA SERÁ MÁS DIRIGIDA AL PLACER DEL AQUÍ Y EL AHORA como mentora yo puedo acompañarte a que descubras las maravillas internas y simplemente resplandezcas**

Hoy ámate un poco más, bendice tu vida, Cuídate y toma atención a todas tus áreas, dale a cada parte de tu ser el alimento necesario para sentirte mejor, dale a todos tus sistemas códigos de amor, trabaja en cada uno de tus sistemas y hazlo de la mejor manera que sepas. **Abrázate, ámate, valórate, reconócete y sobre todo declara lo fuerte que eres** y no dejes de hacerlo nunca, Hay abrazos que sanan, pero abrazarte a ti mismo/a no tiene comparación, ámate como jamás te ha amado y querido nadie, asegúrate de darte lo mejor de lo mejor, impúlsate a sacar la mejor versión de ti, eres maravilloso/a con todo y lo que hoy puedes nombrar como error, ten en cuenta tus sueños y ve a por ellos, trabajando arduamente en el día a día pero no te martirices si tardan en cumplirse, aprende a esperar en el orden divino, comprende que lo bueno se hace mediante un proceso y se debe esperar a que se cumpla todos los pasos requeridos.

Mantente en equilibrio, vive en presente eso suena difícil pero cuando lo ejercitas todos los días se vuelve placentero se trata de mantener tu cabeza despejada de todas esas cosas que no merecen la pena tu atención, que además de no hacerte bien, dañan tu estabilidad emocional y por consiguiente te desconectan del bien estar

Sé que a veces es difícil, en el proceso tenemos deudas, sacrificios, pérdidas, juicios, abandonos, rechazos, traiciones, y muchas otras cosas más pero inténtalo, cada día trata de ser feliz, párate las veces que haga falta, pero no te olvides nunca de seguir, toma los respiros necesarios, toma el tiempo de pensar y luego continúa, Sé que a veces nos vemos defectos por todos lados, incluso algunos que ni tenemos, o que parecen insignificantes la mente le encanta irse hacia ese lado pero **HOY** trata de ver **LO INCREÍBLE QUE ERES**, mírate y brilla, todos los días, Empieza a ver por ti, hoy toma la batuta de tu vida y elige verte en tu mejor versión, comienza por creer en todo lo que eres, y si no reconoces tu valor contáctame hagamos una cita y comencemos con tu transformación personal.

El problema de la humanidad es el pensamiento, es ahí en donde nos desfragmentamos y donde vivimos a través de estar atrapados en diferentes direcciones y nos complicamos la vida porque ahí entra el querer agradar a otros, el sentirnos no merecedores y nos convertimos en nuestros peores auto enemigos, **si existen los multiversos en cada uno de esos multiversos tú tienes un comportamiento diferente y en esos comportamientos diferentes estás creando o descreando las historias que son componentes de tu orden divino** eso es algo que te puede llevar a la autodestrucción hasta de la humanidad, porque mientras se sigan conectando las mentes a seguir entregando el mundo a través del dolor y el sufrimiento, se va a generar una ola de engaños que fueron creados por mentes que en su mejor versión son creadores de maravillas pero hoy tan contaminados de información negativa y destructora se convierten en monstruos.

Hoy ya no vemos tan seguido a constructores inventores, hoy queremos las cosas fáciles y eso nos lleva a una frustración mayor cuando nos damos cuenta que para llegar al éxito a veces es caminar 10 años, 20 años y ya no queremos pagar el precio del proceso ahora queremos que sea todo Express, que sea rápido que venga ya, aquí ahora y nos olvidamos de que en el camino es, en donde, se está preparando el cuerpo y la alma para nuestro siguiente nivel, **no dejes de vivir lo que tienes que vivir para ponerte en el lugar adecuado, cuando todos los multiversos cuando todas las posibilidades infinitas que tú tienes actúen en la misma dirección será lo que más te lleve a vivir y disfrutar del aquí y del ahora porque todos estarán conectados enfocados en la misma situación eso se hará en magia para sacar de esa metástasis a esta humanidad.**

Es el momento de regenerar órganos completos de la humanidad a través del sentir correcto de mirar y observar la majestuosidad de la naturaleza de la humanidad de la vida, **debes de aprender a sentirte uno con el universo y comprender que no hay injusticias solo son actos que te llevan al siguiente nivel**, no sé en cuál nivel estás, lo que sí sé, es que en el movimiento que tú hagas desde el corazón vas a llegar más rápido a crear esa excelente versión, tu mejor versión, para disfrutar de este presente de esta vida, observa los que están a tu alrededor mira lo que has creado ven dónde vives, ve qué ropas tienes, ve todo lo que haces, cuando estás en tu energía correcta como te comportas qué eliges hacer, como fluyes.

Tienes que tener congruencia con el macro y micro pensamiento y acción es el secreto pero dirigido, debes dirigir a tu mejor versión, el que se dice sanador no es sanador es el mismo ser que por su fe crea su nueva posibilidad, debemos llevar a los demás a creer y a crear respetando que cada quien está en su proceso no vas hacer que nadie cambie, déjalos en paz **CAMBIA TU CARAJO,** haz acciones que te pongan activo quieres un buen cuerpo métete al gimnasio, quieres conquistar a una chica ve acércate habla con ella, quieres crear efectivo ponte a trabajar en creatividad actúa en base lo que tú mente te dirige desde la conciencia y por derecho divino.

No hay bueno ni malo es simplemente ser, arma tu armonía, crea en tu entorno y si cada uno se enfoca en crear en su entorno ¿qué crees? ¿qué pasará?, todo mejorará **ya somos participes de toda la metástasis social es el momento de que te integres a crear depositando tu voluntad al amor,** debemos Actuar en base al amor incondicional, ten más valores para que a tu alrededor crees desde tu mejor versión pregúntate ¿por qué haces lo que haces?

¿Qué viniste a hacer al mundo? **toma orden de tu vida desde el corazón ahí se integra tu ser a cualquier relación de forma ordenada y armoniosa** cada acción es una semilla, se consciente de lo que realmente quieres espiritualmente quema todos los apegos, construye **desde Dios en ti** y si cada uno construye, **seremos células regeneradas**, células listas actuando de acuerdo al orden divino, no mandes mensajes de destrucción estás limitado por qué estás dividido en todas tus posibilidades diseñadas desde pensamientos divididos por que lo has elegido porque quieres seguir lo que has hallado en este plano vuelve a tu interior.

Existen muchas herramientas para darle placer al cuerpo y crear un nuevo formato de vida, **cada célula tiene un orden, un comando, una acción indicada y si se encarga de hacerlo será una célula en congruencia** pero si mandas a la neurona a la rodilla o un glóbulo blanco a un cabello o a una uña, serán inservibles se van a sentir el patito feo, hoy debemos preguntarnos **¿qué es lo que antes hacía que me producía felicidad?** que ahora no lo hago, hoy comienza a prepararte mantente en los momentos oportunos creando y creyendo, irán llegando las células del mismo compuesto tuyo, no te estreses por qué hoy te sientas rechazado, abandonado, traicionado, humillado, tratado injustamente, también eso es parte del orden divino debes tener un corazón contrito y humillado, caer en un proceso es parte del crecimiento personal debes cambiar, si no cambias tu vida seguirías siendo la misma por siempre eso no sirve, no existen las cosas malas las experiencias si las vives desde el mundo espiritualidad comprenderías por qué todos los que te han hecho daño según tú lo han hecho... **Simplemente era su trabajo, no entres en el juicio comprende y sigue.**

Pero cuál es el problema actual, darle más placer al cuerpo, le estamos dando placer desde puntos que se convierten en veneno entrando al sistema en la sociedad, si, **somos células del cuerpo divino cada uno creando sin orden ni leyes universales sin responsabilidad imagínate ahora me entiendes por qué Dios está en metástasis.**

Paremos es tiempo de hacer esfuerzo y meterle ciencia a nosotros mismos quienes somos, de ahí viene la consciencia para construir adecuadamente y tocará tener paciencia para esperar que el fruto de tus acciones esté listo para comerse a gusto, la perseverancia nos dará la oportunidad de mantenerse enfocados hasta que aprendamos a coexistir.

Toda la comunidad está actuando para ti, no sé si desde su mejor versión o no eso dependerá de la versión que tú estás poniendo para el universo, PARA DIOS.

Hoy es el tiempo de entrar a una nueva etapa de sociedad, tratemos a los demás como si viéramos en ellos a Dios y como si tú fueras Dios, con eso definitivamente regeneraríamos nuestras células,

las células son emocionales podemos crear desde el amor somos uno a uno con todos y todos somos responsables de crear, **como humanidad somos más libres de lo que nos imaginamos** es momento de avanzar a través de vernos como realmente es la cosa, deja de conspirar en tu contra crea desde tu mayor posibilidad vibra alto

Los trastornos con los que te identificas solamente son eso identidad en la que te basas y crees que es tu vida, pero eso tú lo puedes modificar automáticamente en un momento en el que te entregas hacer lo que realmente eres un ser humano con muchas posibilidades igual que todo mundo de crear de amar de vivir de gozar pero eso depende totalmente de ti

Aquello lo que le estás poniendo atención es lo que según tú necesitas, si estás tomando mucho refresco mucha sube la azúcar en tu sistema tal vez es porque necesitas dulzura y él está suplementando con azúcar exterior cuando la dulzura está en ti, por poner un ejemplo, Tú eres dulzura y tú tienes que empezar a ser suave con las personas a tu alrededor para que eso haga ese Boomerang en donde los demás regresen a ti en cantidades grandes esa misma dulzura en todos sus actos, todo lo que buscas fuera ya está dentro, como es adentro es afuera como es arriba es abajo y es por eso que me baso para esta metáfora viva de asegurar que **hoy Dios tiene cáncer y**

lamentablemente lo estamos llevando en un aceleramiento de dolor por no ser conscientes de esto que está pasando es momento de parar de vivir de la forma en la que estamos viviendo creyendo que somos inmortales hay un tiempo de caducidad para todos así es que cada día cuenta y hoy puede ser el inicio de una nueva vida para ti en la cual la generes de una forma consciente de quién tú eres y disfrutes al máximo de todo lo que doy la naturaleza la vida tiene para ofrecernos Muchas gracias

Si este libro te sirvió de reflexión compártelo con quien más amas para que también tenga su tiempo de auto descubrir como activar los códigos de sanación en su vida, gracias por terminar de leerlo y espero que te contactes con todos aquellos que ya estamos en la frecuencia de agruparnos para generar más esplendor a la vida recuerda soy Pat HC Mentora me encuentras en las redes o también contáctame al **702.826.8594**

Recuerda que **¡tú eres importante!**

ImagiLab

Made in the USA
Columbia, SC
29 June 2024

37746513R00057